LILLE
PORT DE MER

INVENTAIRE
45,002

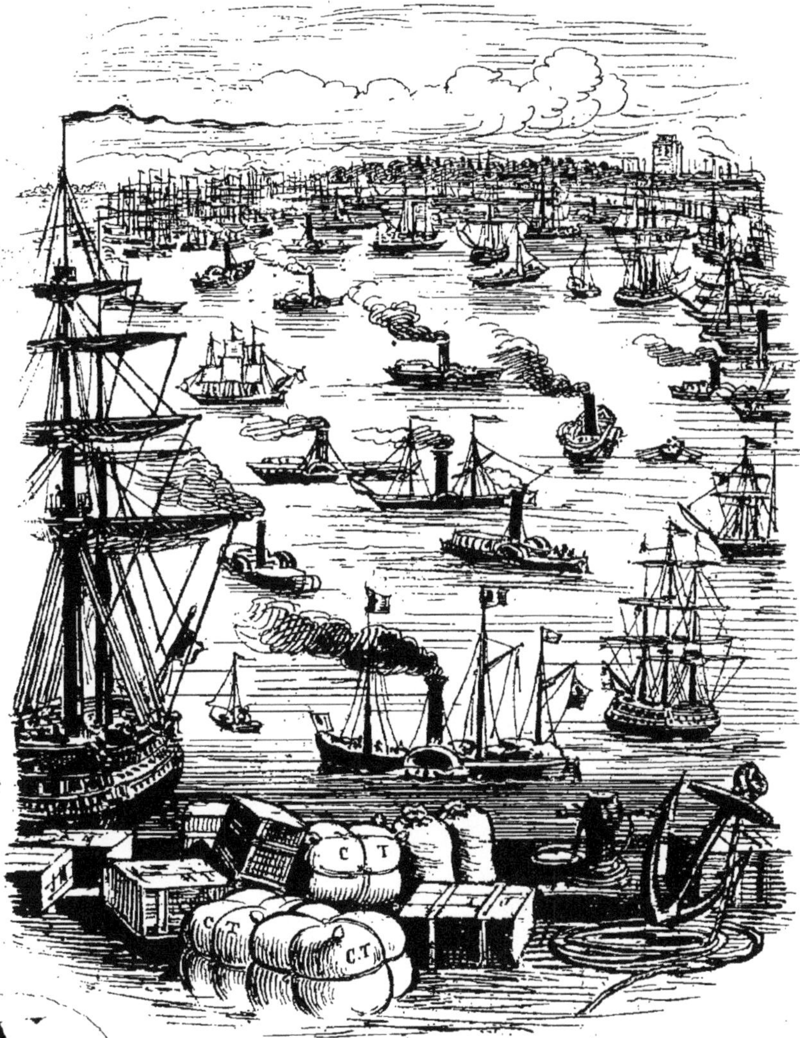

LILLE PORT DE MER

BIBLIOTHÈQUE IMPÉRIALE
IMPR.

45002

(C.)

LILLE
PORT DE MER

PAR L'AUTEUR

DE QUELQUES BROCHURES SUR L'AGRANDISSEMENT DE CETTE VILLE

DÉCRÉTÉ LE 2 JUILLET 1858

DEUXIÈME ÉDITION

> *Un seul bon port peut procurer plus d'avantages*
> *que le plus long canal et que beaucoup de*
> *canaux sans port.* J. CORDIER, INGÉNIEUR.

PARIS — DENTU, LIBRAIRE.

LILLE

L. QUARRÉ, LIBRAIRE | BÉGHIN, LIBRAIRE
grande place | Grande Chaussée

JUIN 1868

droits réservés

Que de fois n'a-t-on pas témoigné le regret que la ville de Lille ne fût point port de mer; que de fois n'a-t-on pas exprimé le désir qu'elle pût ajouter ce moyen de progrès commercial à ses autres éléments de richesse!

Nous pensons que le moment est venu de donner corps à cette idée, puisque notre époque est celle des grands travaux publics.

Une communication avec la mer, en rapport avec les progrès de l'art nautique, sera toujours pour les grandes cités un avantage immense, et surtout pour la ville de Lille, pour le département du Nord que le chiffre de la population et le développement de l'industrie placent au premier rang.

Par le monopole concédé aux chemins de fer, des charges aussi lourdes qu'inévitables étant établies et maintenues sur le transport des matières premières et des marchandises, en vain le gouvernement proclamera la liberté du commerce; en vain il mettra le commerçant, le manufacturier et l'industriel dans la nécessité d'engager avec les étrangers la lutte du bon marché.

Il paraîtra toujours anormal que les établissements et les travaux publics qui ont le caractère d'utilité générale, soient confiés exclusivement à des compagnies dont le lucre est le premier, le seul mobile. En aliénant, par des traités presque séculaires, ce genre de service, il est incontestable, malgré tout ménagement et toute réserve, que l'Etat, sauvegarde-née de l'intérêt de tous, compromet son action protectrice, paralyse sa direction de l'économie commerciale.

Un canal maritime jusqu'à Lille a le caractère d'utilité générale.

Ce genre de travaux incombe à l'Etat ; toutefois la ville et le département pourraient y contribuer.

Ce canal, en rendant Lille aussi commercial qu'industriel, contribuerait à l'augmentation de la population, faciliterait l'acquisition des terrains annexés et invendus, donnerait une nouvelle impulsion à tout ce qui concerne le bâtiment.

Mais, dira-t-on, sans avoir recours à ce projet, Lille ne peut manquer de voir un jour sa population en rapport avec l'étendue de son agrandissement.

Ce jour ne peut-il pas être éloigné ?

Et quand même il serait proche et plus proche qu'on le pense, la création d'un port maritime sous les murs de Lille serait *a fortiori* un très-grand bienfait.

On ne pourrait trouver un meilleur moyen de plus grande prospérité.

I

Les principales industries qui font la richesse de notre contrée, le lin, le coton, la laine, le jute, ainsi que maintes autres industries d'importances diverses, ont pris dans Lille et ses environs une extension très-considérable.

Il n'est guère d'industriel qui, afin de produire davantage et plus vite, n'emploie la vapeur. On compte, dans Lille, plus de 600 générateurs, 500 machines représentant une force nominale de plus de 7,000 chevaux; dans le reste de l'arrondissement, près de 1,800 générateurs et plus d'un millier de machines. La force nominale de tout l'arrondissement est de 22,500 chevaux, celle de tout le département d'environ 50,000.

Les habitants du Nord aimant le travail avec ardeur et assiduité, on peut garantir que toute la force industrielle aujourd'hui employée, serait demain doublée, si demain l'écoulement des marchandises fabriquées, rendu au loin plus facile, pouvait répondre à la production.

Or, avec de tels éléments, comment ne chercherait-on pas à rendre la prospérité de la ville de Lille plus complète en faisant aborder jusque sous ses murs les navires qui amènent aux fabriques les matières premières et qui en exportent les produits !

Les premiers travaux qui ont mis Lille en communication avec la mer sont dus à Vauban et à Colbert.

Il n'y a point à amoindrir le mérite de leurs œuvres, ni la gloire que ces deux grands génies se sont acquise; mais les voies navigables qu'ils ont établies datent de deux siècles; elles étaient en rapport avec la batellerie de l'époque, en rapport également avec le mouvement commercial des villes appelées à jouir de ce mode de transport.

Depuis lors, d'autres canaux furent adjoints aux premiers, des améliorations partielles furent exécutées; mais la navigation de Lille à la mer est restée incertaine et difficile; car les plus importantes de ces améliorations sont antérieures à 1830, antérieures à l'emploi de la vapeur, qui, avec le progrès des arts mécaniques, a fait naître de si notables changements dans les voies de communication.

Un savant et laborieux ingénieur qui a laissé les plus honorables souvenirs dans le département du Nord, M. Cordier, disait que des canaux, ou rivières canalisées, qui y existaient, « chacun représentait l'état de la science à l'époque où il fut créé, » qu'ils étaient « imparfaits, » « qu'ils avaient peu de liaison d'ensemble; » « que les écluses rappelaient l'enfance de l'art, et que la navigation y était lente, difficile et dangereuse. » La lenteur, la difficulté et le danger n'ont pas encore disparu, puisque l'annuaire départemental de 1867 fait suivre ces mots, « *partout la navigation est facile* » — aux bateaux du plus petit tonnage sans doute — de ceux-ci : « *il n'y a d'exception* bien caractérisée *qu'au confluent du canal de Bourbourg et de l'Aa et sur le canal concédé de Dunkerque à Furnes.* » Mais il ne s'ensuit pas que les exceptions *moins bien caractérisées* ne soient encore nombreuses.

Si, après deux siècles, on a reconnu utile de porter la main à l'œuvre de

Vauban, d'agrandir l'enceinte fortifiée de
Lille, dont la réputation comme place forte
était européenne, pourquoi la voie navigable de Lille à la mer, réputée aujour-
d'hui mesquine, ne serait-elle pas mise
en rapport avec les besoins du temps?

Des travaux complémentaires, disons
une transformation de l'une et de l'autre
œuvre, opérée dans les plus parfaites
conditions, serait aujourd'hui certainement approuvée par le génie même de
Vauban, génie travailleur et éminemment
supérieur, à toute époque où il eût vécu.

Quant aux ports ou bassins et quais,
Lille en est pourvu sans doute; mais
ils sont évidemment insuffisants pour le
mouvement commercial d'une population doublée depuis l'époque de l'agrandissement et qu'on espère doubler encore.
Certes, il y a deux siècles, Lille était relativement plus largement doté sous ce
rapport.

Le temps a fait justice de l'étroitesse des canaux, des ponts et des écluses, ainsi que des bacs, des ponts-levis et même des ponts-tournants. Les divers genres de travaux publics d'un autre âge ne sont plus en rapport avec les besoins actuels.

On ne tient généralement pas assez compte de l'activité résultant des inventions modernes. On a bien parfois quelques vues plus larges relativement au passé, mais non suffisamment vastes quant au présent et surtout à l'avenir. On ne remarque pas assez que la vivacité de l'action étant donnée, tout doit la subir.

Pour ne citer que les gares, est-ce que la plupart, ainsi que leurs dépendances, n'ont pas dû, en moins de vingt-cinq ans, être reconstruites, agrandies ? Celle de Lille, par exemple, indépendamment de ce qu'elle est une impasse, unique pour toutes les voies de l'est, du sud, du nord et de l'ouest, ne manque-t-elle pas encore d'étendue après trois reconstructions successives? Cependant une compagnie de chemin de fer devait bien mieux que toute autre calculer les proportions en rapport avec la foule, songer aux exigences du service, puisque sa préoccupation de chaque jour est d'accroître l'affluence des voyageurs et des marchandises.

Naguère les travaux publics étaient moins multipliés qu'aujourd'hui, mais ils étaient mieux étudiés, conçus avec ampleur, notamment à partir de Louis XIV; c'est ce qui a empreint tout ce qui s'est fait sous ce règne d'un cachet de grandeur, apprécié par la postérité.

Aujourd'hui — il y a sans contredit des exceptions — les travaux publics ont un cachet de parcimonie et de précipitation; quoique nombreux, ils ne devraient pas être moins soigneusement étudiés, les plus importants soumis à des concours, et décidés par les hommes compétents, sans autre préoccupation que celle de l'utilité publique.

Le chemin de fer du Nord n'a qu'à se féliciter de l'état d'infériorité dans lequel se trouve la communication de Lille à la mer; il en tire profit et il compte en tirer profit plus grand encore. Ses prix pour le transport des marchandises tendent à laisser végéter la batellerie sans qu'elle puisse faire aucun progrès, ni contribuer à l'élan que devrait prendre le commerce.

Les administrations de chemin de fer ont bien quelques douceurs de tarif, notamment pour les céréales, mais pourquoi pas un abaissement en faveur de toute marchandise, puisque les-plus bas prix de transport contribuent à la plus grande multiplicité des transactions commerciales? L'intérêt général seul devrait prévaloir; mais, individualisées dans leur droit conventionnel. les compagnies s'occupent particulièrement des gros dividendes.

Tous les industriels, fabricants, commerçants ne reconnaissent-ils pas que le profit qui double, qui triple la valeur des actions de chemins de fer, serait employé à la diminution des prix de transport des marchandises, à l'accroissement de la richesse publique plus utilement qu'à l'accroissement de quelques fortunes privées?

Au surplus, en élargissant ses vues, on arrive bientôt à se convaincre que c'est à tort que les voies d'eau et les voies ferrées se constitueraient en état d'hostilité. Loin de se nuire, elles doivent se venir en aide, et toutes deux, en ce qui les concerne, contribuer à l'extension des affaires et au bien-être gé-

néral. A la voie d'eau les marchandises
les plus lourdes, les plus encombrantes,
les matériaux de construction; à la
voie ferrée tout colis de moindre poids,
d'un transport plus facile et plus rapide, et les voyageurs. Pour bien apprécier la différence entre les deux
spécialités, et les avantages qui résultent de leur concours, il ne faut
ni atténuer, ni méconnaître l'intérêt
public, ainsi que le fait d'ordinaire
l'intérêt privé.

Il n'est pas possible que le transport
par voie d'eau, le plus économique de
tous, doive être condamné à végéter
et à tomber en décadence pour le plus
grand profit des chemins de fer; telle
n'est point assurément la mission du
railway.

Le projet d'un canal maritime jusqu'à
Lille doit profiter non seulement à cette
ville qui alors ferait toutes ses affaires

d'importation et d'exportation sans intermédiaire, non-seulement à toutes les
contrées qui l'avoisinent; mais aussi à
l'état. Il serait avantageux sous les rapports agricole, industriel, commercial,
et militaire, car il faut au nord de
notre littoral un refuge pour les vaisseaux de guerre, et ce canal de refuge
ou de protection peut contribuer en
même temps à la défense du pays; il
serait au nord de la frontière une barrière infranchissable [1].

Donner à un canal de Lille à la mer
une largeur de cent mètres à la ligne
d'eau, de quarante mètres au plafond,
une profondeur de huit à neuf mètres;
accès à la mer le plus court, le plus
large et le plus facile; tel est le moyen
infaillible de multiplier les établissements

---

[1] Il est bon de remarquer aussi que Lille, par des
canaux, est en communication avec les autres Places
de guerre du nord.

industriels sur ses bords; tel est l'œuvre capitale en rapport avec notre époque, œuvre qui doit exciter le zèle et le patriotisme de nos édiles, l'émulation de nos ingénieurs, rendre Lille le Marseille du nord et l'Anvers de la France.

I I

Il ne nous appartient pas d'entrer dans
les détails d'exécution d'un projet dont
les travaux exigent des études spéciales
et très-approfondies. Bornons-nous à
quelques considérations.

Et d'abord disons que pour un canal
maritime jusqu'à Lille, il doit être question d'agir ainsi qu'on l'a fait pour les
chemins de fer.

Ceux-ci, sans préoccupation ni des
routes ni des chemins tracés, dont le
bienfait permanent, quelles que soient

leurs sinuosités, reste incontestable, ont, grâce à la loi sur l'expropriation, tenu, dans la mesure du possible, la ligne droite.

Qu'il en soit de même pour la canalisation maritime jusqu'à Lille; que les études faites d'emblée pour le trajet tout entier, suppriment les détours qui n'ont plus leur raison d'être. Ainsi que les routes et les chemins antérieurs à l'établissement des chemins de fer, les canaux existants rendront encore sur divers points d'utiles services.

La distance de Lille à la mer par les voies navigables est d'environ cent kilomètres.

La différence entre le niveau de la mer et celui de la haute Deûle, au point dit *grand tournant*, est d'environ 17 mètres.

Les navires du plus fort tonnage n'ont besoin que de 8 mètres 50 de tirant d'eau.

Ce nouveau canal ne saurait manquer de l'élément le plus essentiel : l'eau ; la Deûle, la Scarpe, la Lys et l'Aa y pourvoiront suffisamment.

Sous les murs de Lille, 50 à 60 hectares de terrains bas et marécageux, situés entre le nord et l'ouest de la ville, seraient affectés au port, aux docks et magasins.

Les instruments perfectionnés pour l'enlèvement des terres, pareils à ceux employés à l'isthme de Suez, rendraient les travaux de creusement moins dispendieux et d'une plus prompte exécution. Les prodigieuses merveilles de terrassement obtenues dans une contrée complétement déserte et distante de 500 lieues de l'Europe, seraient, avec nos ouvriers intelligents et courageux, obtenus ici plus facilement. Ne pourrait-on pas aussi faire coopérer à cette œuvre, en supposant qu'elle fût tout à la fois militaire et commerciale, une partie des garnisons du Nord?

Les déblais serviraient non-seulement aux digues, mais aussi au remblai des terrains marécageux du voisinage du canal; ainsi seraient d'une manière définitive livrés à l'agriculture certaines parties des 34,000 hectares [1] restés jusqu'à ce jour limoneux et marécageux dans notre département.

Quant à la dépense, un premier aperçu la fixe à cent millions pour un canal construit dans les proportions qui viennent d'être indiquées.

Lors même que cette somme devrait être un peu dépassée, ce qui n'est point probable, serait-ce un motif pour faire regarder l'exécution de ce projet comme irréalisable?

Non, certainement, si l'on en considère l'utilité et la durée.

[1] *Annuaire du département du Nord*, année 1868.

En fait de travaux publics, dirigés, bien entendu, avec intelligence, il est incontestable que c'est à leur utilité générale et aux nombreux avantages qui en résultent qu'il faut avoir égard d'abord. Le chiffre de la dépense, quelque élevé qu'il soit, ne doit pas être séparé des résultats à produire ; il faut se garder de toute théorie de parcimonie nuisible à la justesse et à l'ampleur des proportions.

Que de millions ont été employés à des usages improductifs, à des monuments stériles, à des embellissements secondaires ; que de milliards ont été engloutis dans des entreprises moins profitables à la fortune publique !

Si, avant l'agrandissement de la ville, on eût fait pressentir que, les fortifications comprises, il ne coûterait guère moins de cent millions, eût-on dû reculer ? le nombre des opposants n'eût-il pas été plus grand encore qu'il ne l'a été ?

et cependant, quoique certains moyens et détails d'exécution ne soient pas irréprochables [1], tout le monde reconnaît aujourd'hui l'opportunité de ce septième agrandissement.

Cent autres millions pour un canal maritime profiteront cette fois non plus à Lille seul, mais aux 525,000 habitants de son arrondissement, à la plus grande partie de la population du Nord, aux contrées qui l'avoisinent, à la France entière; car Lille, par les canaux, est en communication avec toute la France, avec la Belgique, la Hollande et l'Allemagne. A propos de ce dernier pays, disons que si un jour le Zollverein devenait une union douanière Franco-Allemande, idée qui a déjà été produite, Lille pourrait être un des ports de débarquement des matières premières destinées

[1] Surtout aux points de vue de la salubrité des constructions, et du logement des ouvriers.

aux manufacturiers des bords du Rhin.

En supposant que la question de la marine militaire dût être écartée de ce projet, on pourrait, puisque les bateaux à vapeur sont aujourd'hui presque exclusivement employés au service du commerce, se borner à construire un canal maritime commercial.

En ce cas, les proportions, qui viennent d'être indiquées, pourraient être réduites à cinquante mètres à la ligne d'eau, vingt mètres au plafond, sept mètres de tirant d'eau, et la dépense, y compris les travaux d'art, ne serait que d'environ soixante millions [1], le parcours étant supposé de cent kilomètres.

Que le choix entre ces deux modes de canal maritime soit fait par les personnes les plus compétentes, que le projet soit mis à l'étude, puis réalisé avant que le

---

[1] Evaluation en rapport avec des travaux achevés, et avec des études analogues faites par des ingénieurs.

département soit sillonné d'un plus grand nombre de voies ferrées, afin de ne pas multiplier les travaux d'art, et que la vapeur puisse y développer toute sa puissance, ainsi qu'elle le fait sur mer depuis un demi-siècle.

« La vapeur triomphe sur terre, elle triomphe aussi sur mer..., » disait tout récemment M. de Forcade la Roquette, ministre du commerce, dans sa réponse aux adversaires du libre-échange ; mais n'a-t-elle pas le droit de triompher également sur les canaux ? Certes, par ce triomphe, elle résoudrait le problème non du bon marché, mais du meilleur marché.

Si, pour un nouvel *outillage*, les industriels de Roubaix ont dépensé 80 millions [1], afin de s'efforcer de lutter contre les produits étrangers, on peut supposer

[1] *Lettres sur la situation de l'industrie de Roubaix* adressées à M. le ministre de l'agriculture, du commerce et des travaux publier par la chambre consultative des arts et manufactures.

que, dans l'arrondissement, ces mêmes efforts ont coûté à l'industrie une somme au moins égale; et ce qu'on pourrait appeler *l'outillage* de l'Etat, les canaux notamment, ne devrait-il pas être amélioré, complété, pour seconder cette lutte? Il y a certes analogie entre un canal tortueux, primitif et un canal sur lequel par la vapeur on peut voguer à pleine charge, comme entre un métier à tisser à la main et un métier mécanique.

En ce qui regarde la ville de Lille, ce grand foyer industriel [1], la voie navigable jusqu'à la mer rendue accessible à toute la puissance de la vapeur est de toute convenance et presque de nécessité.

Pour apprécier les avantages d'un canal maritime dans l'une ou l'autre des conditions que nous venons d'exposer, il suffit de songer que la force productrice

---

[1] La population ouvrière de Lille est, au minimum, de 90,000 individus.

du département du Nord, comparée à celle de la France, figure, d'après les documents fournis par MM. Mimerel, sénateur, et Kuhlmann, président de la chambre de commerce de Lille, « pour un sixième dans la production houillière, pour un tiers dans celle du sucre indigène, pour un septième de la filature de coton, pour plus des des cinq septièmes de la filature mécanique du lin, pour plus d'un tiers du peignage et filature de la laine, et presque un tiers du tissage [1]. »

L'exportation à l'intérieur et à l'extérieur des manufactures de Lille et de son arrondissement pouvait s'élever, il y a cinquante ans, à soixante millions ; Roubaix et Tourcoing y étaient compris pour vingt millions. Aujourd'hui le chiffre de ces deux dernières villes étant d'environ deux cent cinquante millions, on peut

[1] Page 9 de la brochure de M. Jonglez : *Une Province sans Département.*

évaluer celui de tout l'arrondissement, Lille compris, de cinq à six cent millions.

Or, avec un tel accroissement, pourrait-on admettre que les canaux de Lille à la mer restassent dans le *statu quo*, quand tout marche autour d'eux !

Aucune autre contrée industrielle, plus que Lille et son arrondissement, ne saurait désirer recevoir directement les matières premières, et ouvrir à ses produits les marchés du monde entier. Ces produits, sans nul doute, peuvent également sans un canal maritime parvenir au-delà des mers ; mais quelle différence, outre l'économie, entre des renseignements et des rapports directs ou transmis par des tiers. Dans le cas de crise commerciale, de stagnation locale d'affaires, le manufacturier, le commerçant, ayant les navires à sa porte, ne sera-t-il pas plus tenté de chercher d'autres débouchés et bien plus assuré de les trouver ?

L'instruction, le travail, l'économie, les capitaux, conditions ordinaires du succès des manufactures, ne suffisent pas, et suffisent moins que jamais pour en assurer la prospérité; il faut, en outre, pour diminuer les frais de transport et les prix des marchandises, une navigation régulière et rapide, un canal maritime qui complèterait le réseau des 27 canaux et rivières navigables du département du Nord et qui en serait la principale artère.

Le nombre et l'importance des fabriques du département sont tels que leurs produits dépassent les besoins de la consommation de la France; il faut donc aller au dehors, traverser les mers pour chercher des marchés plus étendus et y porter des marchandises ou meilleures ou à meilleur marché que les mêmes produits des fabriques anglaises, belges ou allemandes.

On a en vain tenté sur la voie navigable
actuelle de se servir de la vapeur avec
des bateaux du plus petit tonnage; toutes
les entreprises y ont trouvé la ruine.

Il faut aujourd'hui un perfectionne-
ment radical, produit d'études qui em-
brassent toute l'étendue du trajet, et qui
permettent aux navires du plus fort tonnage d'arriver de la mer à Lille en
moins d'un jour.

Ce projet, tout vaste et important
qu'il paraisse, est encore à une distance
relative d'un grand nombre de travaux
publics, entres autres : les câbles transat-
lantiques, le Tunnel des Alpes, le perce-
ment de l'Isthme de Suez; et, sans parler
des milliards dépensés, depuis environ
40 ans, par l'Angleterre pour des canaux
et pour l'établissement de docks dans les
principales villes de commerce; ni des
travaux immenses des Etats-Unis, ni du
projet de la Prusse d'un grand canal

maritime à travers son territoire, citons quelques travaux de notre pays :

Sous Louis xiv, fut-on arrêté par la dépense lorsqu'ils s'agit de joindre la méditerranée à l'Océan par le canal de Riquet, d'environ 450 kilomètres de longueur, canal qu'il est aujourd'hui question d'élargir, afin que, rendu accessible à la marine militaire, notre flotte ne doive plus passer sous le canon de Gibraltar.

Marseille après l'emploi de la somme énorme d'environ 75 millions pour l'eau potable, n'a-t-il pas conçu le projet, moyennant une soixantaine de millions, de créer un *troisième* port plus sûr et mieux abrité que celui construit il y a quelques années?

Malgré l'étendue de ses quais, Bordeaux ne s'occupe-t-il pas d'un bassin à flot pour lequel les millions ne seront pas épargnés?

La chambre de commerce de Nantes ne vient-elle pas d'émettre l'avis qu'en son nom, au nom du département et de la commune, en prenant à sa charge le quart de la dépense, il soit officiellement proposé à l'état d'approfondir la voie navigable de Nantes à la mer, de faire du port de cette ville un grand port maritime de l'ouest?

Quoique déjà si largement doté au point de vue de l'hygiène, Paris n'est-il pas disposé à dépenser de 70 à 80 millions, afin de livrer une eau plus abondante et plus salubre à sa population toujours croissante? Et il n'a pas renoncé à devenir port de mer, le travail récent de deux ingénieurs l'atteste; certes, le moment de la décision venu, ce n'est pas une dépense, entrevue d'environ 200 millions, qui retarderait l'exécution de ce projet.

Caen, quoiqu'en communication par l'Orne avec la mer, voulant accroître son commerce de petit cabotage, n'a-t-il pas fait creuser un canal abordable aux navires marchands de plus fort tonnage? et si Caen éprouve un regret, ce ne peut être que de n'avoir pas donné à ce canal les plus larges proportions.

Se rappelle-t-on ce qu'était le port de Boulogne il y a cinquante ans; n'était-il pas uniquement fréquenté par des pêcheurs? les plus petits bateaux à vapeur n'y pouvaient entrer qu'avec de grandes difficultés. Aujourd'hui le port élargi, approfondi, y est bordé de magnifiques quais, et, à cette heure, un vaste bassin à flot y est inauguré.

Morlaix, ville d'environ 10,000 âmes, n'a-t-il pas soumis à l'examen du ministre des travaux publics le projet d'établissement d'un vaste port de commerce, dont la dépense est évaluée 60 millions?

Ne pas profiter des moyens d'accroissement, ne point faire converger les ressources vers un but fécond, demeurer stationnaire malgré le mouvement, c'est, dans les travaux publics surtout, barrer le chemin, c'est reculer.

Le progrès est un accroissement de vie.

Or, l'agrandissement de la ville de Lille a été, après deux siècles, un nouveau pas en avant dans cette voie, et ce fut un pas de colosse; rendre la cité agrandie port de mer, voilà le second pas, et ce sera un pas de géant, après lequel le plus brillant avenir pourra se dérouler.

Et quand tant d'états divers, tant de villes, que nous venons de citer, et d'autres encore, conçoivent et viennent à bout d'exécuter des projets si dispendieux, mais, en même temps, d'une utilité publique si incontestable; quand l'Angleterre, inépuisable pour tout ce qui concerne les marines militaire et commerciale, crée cinq nouveaux ports dont la dépense s'élèvera à plusieurs centaines de millions, Lille à juste titre fier de son passé, Lille, devenu par sa population la cinquième ville de l'empire et la trente-sixième de l'Europe, Lille au centre de ce vaste département si remarquable par la richesse du sol, par l'intelligence de la population, par les ressources financières; Lille renoncerait aux plus hautes destinées commerciales, hésiterait à devenir la cause immédiate d'un plus grand développement de la richesse publique dans toutes les contrées qui l'environnent?

C'est à tous ceux qui, par le rang qu'ils occupent, sont particulièrement chargés de veiller à nos intérêts, à l'intérêt général, à l'avenir du nord de la France, de répondre.

— LILLE. TYP. J. LEFORT. MDCCCLXVIII. —

www.ingramcontent.com/pod-product-compliance
Ingram Content Group UK Ltd.
Pitfield, Milton Keynes, MK11 3LW, UK
UKHW020058100726
13658UKWH00004B/1845